ニューヨーク詩人による英語俳句集

ニューヨーク、アパアト暮らし

ポール・デイヴィッド・メナ

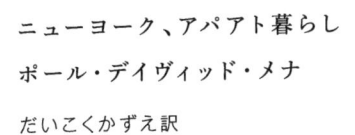
だいこくかずえ訳

Preface

"A storm in a teacup" - perhaps this is how one can describe the distillation of energy which is haiku. In Japanese the haiku form is of 17 syllables, usually arranged in a 5, 7, 5 pattern, and includes a season word. Many schools of haiku exist in Japan: some traditional, some modernistic, some spurn form while others adhere to it strictly, some even forsake the seasonal word.

Haiku Schools in Japan are divided roughly into two camps. The Schools of "Traditional" and "Modern" haiku. Many "Traditional" Schools believe that haiku should deal only with natural objects and that planes, trains and automobiles have no place in haiku. Love is also a taboo subject in these Schools. Many factions in this camp subscribe to the "shasei" or snapshot school where a totally objective viewpoint is stressed. The "Modern" Schools, three factions of which I am an active member of, believe that there is a haikuness to haiku separate and distinct from that laid out by a definition through the objects included and themes involved. My particular school, "Kanrai" or "Midwinter Thunder" believes that objectivity is illusory and that subjectivity is intrinsic to haiku. In short, even though the set form and seasonal word reference dictum is accepted by the majority of Schools, there is an abundance of different opinions as to the philosophical aspects of what a haiku should be.

まえがき

「ティーカップの中の嵐」。これは俳句が内包するエネルギーをうまく言い当てた言葉ではないでしょうか。日本語で言うところの俳句とは、17音節の形式をもち、ふつうは5、7、5の形で書かれ、季語が入っています。日本には非常にたくさんの俳句の流派があり、伝統を重んじたもの、現代的なもの、形式に厳しくこだわるものがあると思えばこれに反発するものあり、季語さえ放棄するものもある、といった具合です。

日本の俳句界は、大まかに分類すると二つの流派にわかれます。ひとつが「伝統的」俳句の流派、もうひとつが「現代」俳句の流派です。たいがいの「伝統的」流派は、俳句は自然物を対象にするものだと信じており、飛行機や電車や自動車といったものには、居場所がありません。ここでは愛に関することも同様にタブーです。この流派に属する多くの分派が、客観的視点に力点をおいた「写生」の方法に同調しています。しかし私が現在所属している三つの「現代」俳句の句会では、扱われる対象物やテーマへの定義に左右されない、俳句的なるものの存在を信じています。私が参加する「寒雷」という句会では、客観性と呼んでいるものは幻想にすぎず、主観性こそが俳句の本質と信じているのです。たとえ多数派の流派で、「俳句の形式」と「季語への言及」という金言が受け入れられていたとしても、俳句とは何かという哲学的側面から見るなら、様々な意見がある、ということです。

The school of "American Haiku" has developed
over the past few decades into a tangible entity.
Basically it is defined as the midway ground
between several popular American haiku poets
and is characterized as being free-form and not
overly concerned with the inclusion of a concrete
seasonal reference. Although this approach
is different to that of the majority of Japanese
Schools, it is still a valid approach to the art of
haiku and many good poems have been written
under its auspices.

Several haiku appearing in this collection by
Paul David Mena will undoubtedly be counted as
among these pearls of American haiku. Only once
have I had the pleasure of visiting New York but
while reading this collection I once again felt that
I was there, at sunrise in Soho, with the man and
the pigeons in Tompkins Square, on a fire escape
deciding on my dinner and watching the moon
from some dark street. Paul has a penchant for
visual haiku but has also captured some of the
sounds and smells of the city that is New York.
When read as a collection these haiku allow us to
once again see New York through fresh eyes and
from a myriad of angles, to feel the pulse of the
city and its loneliness as well.

Dhugal J. Lindsay
Tokyo
October 1995

「アメリカ俳句」の句会は、この2、30年間のうちに、実のあるものへと成長してきました。まず数人の著名なアメリカ俳句の詩人たちによって経過的な定義がなされ、その後、自由形式や具体的な季語を入れることへの過剰な思い入れのないものへと、性格づけされてきています。これが日本の多数派流派と異なっているにしても、俳句芸術にとってこの方法論は有効であり、この考えのもとに多くの優れた詩が書かれてきました。

ポール・デイヴィッド・メナのこの句集に収められた俳句のいくつかは、そうしたアメリカ俳句の珠玉の作品として数えられることは間違いありません。たった一度のニューヨーク訪問の経験しかない私ですが、この句集を読んでいると、あのニューヨークにまた私自身が立っているかのように感じられたものです。ソーホーの夜明け、トンプキンス広場の男とハトの群れ、うら階段できめる今日の夕食、うす暗い通りから眺める月の姿。ポールの俳句には視覚への強い嗜好性がありますが、これがニューヨーク、と思わせる街の音やにおいも同時につかみとっています。一冊の句集として楽しむならば、ここに収められた俳句は、ニューヨークの街をもう一度、新鮮な目と多彩なアングルを通して眺め、この街の鼓動と孤独を同時に感じとることを、私たちに教えてくれるにちがいありません。

ドゥーグル・J・リンズィー
1995年10月、東京にて

001.
Soho sunrise:
pigeons reign
over unswept streets

夜あけのソーホ…
ハトの王国
夕べの残飯

011.
Tompkins Square:
an old man teaches Tai Chi
to a crowd of pigeons

トンプキンス広場のおじいさん
タイチ教える
ハトの群れ

021.
Williamsburg, Brooklyn:
the cinders
of my childhood home

ウィリアムスバーグ、ブルックリン
今は燃えかす
子ども時代のぼくの家

031.
even the cicadas
stop
for the fire truck

セミたちも
鳴きごえとめる
消防車

002.
East New York morning:
sunshine and salsa
flood my apartment

イースト・ニューヨークの朝
お日さまとサルサが
ぼくの部屋にながれこむ

012.
ambulance
paralyzed
in gridlock

救急車
渋滞道路で
にっちもさっちも

022.
after the fireworks
the thunder and lightning
of the IRT local

花火のあとで
爆音と閃光
IRTのあたまから

032.
listening to the News
I feel guilty
for being alive

ニュースを 聞くたび
生きてることに
感謝する

003.
manhole cover
offering incense
to the skyscraper sky

マンホール
香を捧げる
摩天楼の空高く

013.
the billboard reads
"cheerful English
spoken here"

店のはりがみ
「ここではエイゴ、
お気楽です」

023.
I fell in love
for the second time this week
on the downtown train

今週2度目の
ひとめぼれ
ダウンタウンの電車の中で

033.
adult book store
a refuge
from church bells

アダルト系本屋さん
で、ホッとひと息
教会のわれ鐘からのがれて

004.
in the taxicab
a goldfish
restless in his bowl

タクシー・キャブ
鉢の金魚に
やすみなし

014.
unable to escape
the subway station
of my dreams

逃げ場がない
地下の駅
これは夢？

024.
at South Ferry station
well-fed rats
also wait for the train

サウス・フェリー駅
肥えたねずみと
電車まつ

034.
Penn Station after midnight:
even the shadows have echoes

夜あけのペン・ステーション
ひびきわたる足音
影さえも

005.
two lovers kiss
on the brownstone steps
the blinking streetlight

キスしてる
玄関ステップ
またたく街灯

015.
on the fire escape
the breeze shifts direction
from pizza to chow mein

風がわる
うら階段
ピザの匂いがチャーメンに

025.
in the shadow
of Trump Plaza
a cardboard house

トランププラザの
影に
ダンボールハウス

035.
reading
under the flashing neon light
one line at a time

ひとまたたき
ひとすじ読む
ネオンの閃きのド

006.
lingering
among rusty swing sets
bubblegum perfume

残り香や
錆びたブランコ
ふうせんガム

016.
Battery Park:
Statue of Liberty
in your eyes

バッテリーパーク
自由の女神が
きみの目に

026.
more refreshing
than the art auction
subway graffiti

活気なら
アート・オークションより
地下鉄グラフィティ

036.
having missed
the last train
fear keeps me company

とりのがす
終電の駅思い
会社にとどまる

007.
Rockaway Beach:
liquid rainbows
washing broken glass

ロッカウェイ・ビーチ
みなもの虹
ガラス片あらう

017.
College Point:
lawn chair audience
judging traffic

カレッジ・ポイント
ポーチでくつろぐ住人が
道ゆくものを品定め

027.
gentle sidewalk breeze
every time
the light turns green

やさしい風とあるく道
わたるたび
みどりの信号合図する

037.
punching a hole
through the Soho night
amber moon

ポンとあいたまるい穴
ソーホーの夜に
こはくの月のぼる

008.
Washington's statue
can no longer withstand
the pigeons' attack

もう耐えられん
ワシントンの銅像に
ハト攻撃

018.
stripper
yawning
rhythmically

ストリッパー
あくびつづける
たんたんと

028.
outside Penn Station
a blind beggar
checks his watch

ペン・ステーション近くでは
目目のものごいさえ
胸時計に目をはしらせる

038.
distant subway train,
rescue me
from these shadows!

迫る影ぼうし
やってくる地下鉄に
助けて！

009.
FDR Drive
graffiti rainbows
on abandoned cars

FDR通りで
らくがきの虹
ポンコツ車をかざる

019.
a sudden gust
yesterday's headline
crosses the street

突風ひとつ
きのうの見出しが
飛びさる街かど

029.
homeless man
wipes dew from the bench
before sitting down

ホームレス
ベンチのつゆ拭き
それから すわる

039.
the World Trade Center at dusk
a pair of sunsets

ワールド・トレード・センターの日没
つがいの夕日

010.
the taxi driver
turns off
my favorite song

タクシーで
消されてしまった
好きなうた

020.
initials faded
graffiti heart
on a cracked wall

消えかけのイニシャル
ハートのらくがき
ひびわれた壁の上に

030.
an old cop
who would rather not
wake up the drunk

おじいちゃん警官
起こさずほすっす
酔っぱらい

040.
a sudden chill
the view from Brooklyn
without the Towers

ブルックリン
タワー望めず
震えくる

tenement landscapes

ニューヨーク、アパアト暮らし

ニューヨーク詩人による英語俳句集

001.

Soho sunrise:

pigeons reign

over unswept streets

夜あけのソーホー

ハトの王国

夕べの残骸

*ソーホー：
マンハッタン島南部にある地域。Soho の名は
South of Houston(Street) を略したもの。

002.

East New York morning:
sunshine and salsa
flood my apartment

イースト・ニューヨークの朝
お日さまとサルサが
ぼくの部屋にながれこむ

*イースト・ニューヨーク：
ブルックリン（ニューヨークで最も面積が広く、人
口の多い区）にある地域で、ヒスパニック系の人
口が多い。

003.

manhole cover
offering incense
to the skyscraper sky

マンホール
香り捧げる
摩天楼の空高く

004.

in the taxicab
a goldfish
restless in his bowl

タクシーキャブ
鉢の金魚に
やすみなし

＊著者の話：
ニューヨークのタクシードライバーの典型といえば、
わずかの英語しか解さない移民者たち。ときに、な
んとも愉快なドライブを体験する。運転はたいてい
攻撃的で、無鉄砲の極致。このハイクを書いた
とき、ぼくはひざの上に金魚鉢をかかえていた。と、
同時に、自分もタクシーのガラス鉢に入れられて
覗かれてる金魚みたいな気分でもあった。

005.

two lovers kiss
on the brownstone steps
the blinking streetlight

キスしてる
玄関ステップ
またたく外灯

006.

lingering
among rusty swing sets
bubblegum perfume

残り香や
錆びたブランコ
ふうせんガム

007.

Rockaway Beach:
liquid rainbows
washing broken glass

ロッカウェイ・ビーチ
みなもの虹
ガラス片あらう

＊ロッカウェイ・ビーチ：
クィーンズ（マンハッタンからもっとも遠くに
ある区）の、大西洋に面したアーバンビーチ。
地下鉄で行けるので、ニューヨーカーにとって
身近な場所。

008.

Washington's statue

can no longer withstand

the pigeons' attack

もう耐えられん

ワシントンの銅像に

ハト攻撃

*ワシントン・スクエア:
グリニッジ・ビレッジのまん中にある小さな公
園で、マンハッタンのアートや文学の中心地と
されている。ニューヨーク大学もここにある。
ジョージ・ワシントンの大きな銅像と、大きな
アーチが目につく。

009.

FDR Drive

graffiti rainbows

on abandoned cars

FDR 通りで

らくがきの虹

ポンコツ車をかざる

＊FDR ドライブ：
フランクリン・デラーノ・ルーズベルト大統領
にちなんだ名前で、3 車線の高速道路がマン
ハッタンの東海岸沿いを走っている。

010.

the taxi driver
turns off
my favorite song

タクシーで
消されてしまった
好きなうた

011.

Tompkins Square:
an old man teaches Tai-Chi
to a crowd of pigeons

トンプキンス広場のおジイさん
タイチ教える
ハトの群れ

＊トンプキンス広場：
マンハッタンのイーストサイド、古い街並の中
にある小さな公園。タイチ＝太極拳。

012.

ambulance
paralyzed
in gridlock

救急車
渋滞道路で
にっちもさっちも

013.

the billboard reads
"cheerful English
spoken here"

店のはりがみ
「ここではエイゴ、
お気楽です」

＊著者の話：
ニューヨークは様々な国からの移民者たちで溢
れている。彼らのお店に行くと、スペルミスや
文法のおかしな表示はよくあること。cheerful
English とは、そんなエイゴのこと。はり紙は
英語のネイティブスピーカーに対して、ユーモ
アを交えながら歓迎の意を表している。

014.

unable to escape
the subway station
of my dreams

逃げ場がない
地下の駅
これは夢？

015.

on the fire escape
the breeze shifts direction
from pizza to chow mein

風かわる

うら階段

ピザのにおいがチャーメンに

Battery Park:

Statue of Liberty

in your eyes

バ　ッ　テ　リ　ー　パ　ー　ク

自由の女神が

きみの目に

＊バッテリー・パーク：
マンハッタンの南端にある公園。ニューヨーク
港内にある自由の女神像の島（リバティー・ア
イランド）との間を行き来するフェリーや、そ
の他いくつかのフェリーが発着する場所で、地
下鉄の何路線かもここを終着駅としている。

017.

College Point:
lawn chair audience
judging traffic

カ レ ッ ジ ・ ポ イ ン ト
ポ ー チ で く つ ろ ぐ 住 人 が
道 ゆ く も の を 品 定 め

＊カレッジ・ポイント：
クィーンズの中流階級が住む地域で、よく似た
街並（そっくりの家がズラリ！）が続いている。
ここでいうポーチとは、道路から家をつなぐほ
んの数段の階段（ニューヨークでは "stoop" と
呼ばれる）を伴った小さなもので、手入れのい
きとどいた芝生にすわった住人は、すぐ目の前
の道路と対面している。

018.

stripper
yawning
rhythmically

ストリッパー

あくびつづける

たんたんと

019.

a sudden gust -
yesterday's headline
crosses the street

突風ひとつ
きのうの見出しが
飛びさる街かど

020.

initials faded
graffiti heart
on a cracked wall

消えかけのイニシャル
ハートのらくがき
ひびわれた壁の上に

021.

Williamsburg, Brooklyn:

the cinders

of my childhood home

ウィリアムスバーグ、ブルックリン

今は燃えかす

子ども時代のぼくの家

＊著者の話：
ウィリアムスバーグはブルックリンにあり、以
前は閉鎖的(ユダヤ人コミュニティ)地域であっ
たが、今は主としてプエルトリカンや低所得者
層で占められている。ぼくの両親は、ともにこ
こで生まれた。

022.

after the fireworks

the thunder and lightning

of the IRT local

花火のあとで

爆音と閃光

IRT のあたまから

＊IRT：
三つある地下鉄会社の一つで (残りの二つは IND
と BMT)、ニューヨークの地下鉄を建設・運営し
ている。どの路線も数字か文字がつけられていて、
IRT ローカルの場合は、通常「ナンバー・ワン・
トレイン」と呼ばれている。

023.

I fell in love

for the second time this week

on the downtown train

今週 2 度目の

ひとめぼれ

ダウンタウンの電車の中で

024.

at South Ferry station
well-fed rats
also wait for the train

サ ウ ス ・ フ ェ リ ー 駅
肥 え た ね ず み と
電 車 ま つ

＊サウス・フェリー駅：
バッテリー・パークにある地下鉄駅の名前。

in the shadow

of Trump Plaza

a cardboard house

トランププラザの

影に

ダンボールハウス

＊トランプ・プラザ：
世界でも名高い超高級ホテルのひとつ。マンハッ
タンの超高級地域パーク・アベニューにある。ト
ランププラザは、かつて「ザ・プラザ」と呼ばれ
ていて、その後ドナルド・トランプがこのホテル
を買い、自分の名前をつけた。何年かしてトラン
プ氏がホテルを売却したので、また元の名前「ザ・
プラザ」にもどった。このハイクはトランプ時代
に書かれたもので、カードボードハウスはトラン
ププラザからほんの２、３ブロックのグランドセ
ントラル駅の外にあったそう。

026.

more refreshing
than the art auction
subway graffiti

活気なら
アートオークションより
地下鉄グラフィティ

027.

gentle sidewalk breeze
every time
the light turns green

やさしい風とあるく道
わたるたび
みどりの信号合図する

028.

outside Penn Station
a blind beggar
checks his watch

ペン・ステーション近くでは
盲目のものごいさえ
腕時計に目をはしらせる

＊著者の話：
ペン・ステーションはマンハッタンのミッドタ
ウンにあるニューヨーク市の主要鉄道駅。ロン
グアイランド（ぼくが育ったニューヨークの郊
外地域）からの通勤電車すべてがここを終点と
する。いくつかの地下鉄もここでとまる。あの
有名なインドア・アリーナ「マジソン・スクエ
ア・ガーデン」があり、百貨店メイシーズの１
号店もこの近く。

029.

homeless man
wipes dew from the bench
before sitting down

ホームレス
ベンチのつゆ拭き
それからすわる

030.

an old cop

who would rather not

wake up the drunk

おじいちゃん警官

起こさずほかす

酔っぱらい

031.

even the cicadas
stop
for the fire truck

セミたちも
鳴きごえとめる
消防車

listening to the News

I feel guilty

for being alive

ニュースを聞くたび

生きてることに

感謝する

＊著者の話：
「この街には悪いニュースがあふれているのに、
なんでこの僕じゃなくて、他の誰かが死ぬんだ
ろう」と、ニューヨークに住んでいた頃、いつ
も思っていた。

adult book store

a refuge

from church bells

アダルト系本屋さん

で、ホッとひと息

教会のわれ鐘からのがれて

＊著者の話：
ニューヨークでは鐘のある教会といえば、セント・パトリック大聖堂など年代ものの教会くらい。鐘の音はとても美しいけれど、音はばかでかい。ニューヨークの喧噪の中では、場違いな音。それに引きかえ、アダルト系の本屋さんの、静かなことといったら。

Penn Station after midnight:
even the shadows have echoes

夜ふけのペン・ステーション
ひびきわたる足音
影さえも

reading
under the flashing neon light
one line at a time

ひ と ま た た き
ひ と す じ 読 む
ネ オ ン の 閃 き の 下

036.

having missed
the last train
fear keeps me company

とりのがす

終電の駅思い

会社にとどまる

*著者の話：
ペンシルバニア駅から終電が出ていくのが午前
3時15分。ニューヨークの荒涼とした時間帯。
夜のニューヨークは危険が多い。

punching a hole
through the Soho night -
amber moon

ポンとあいたまるい穴
ソーホーの夜に
こはくの月のぼる

038.

distant subway train,
rescue me
from these shadows!

迫る影ぼうし
やってくる地下鉄に
助けて！

°39.

the World Trade Center at dusk -
a pair of sunsets

ワールド・トレード・センターの日没

つがいの夕日

＊ワールド・トレード・センター：
ツイン・タワーとしてよく知られていた。110
階建てで、かつては世界で最も背の高いビル
だった。マンハッタンのダウンタウンにあり、
ウォールストリートやバッテリーパークにも近
い。2001年9月11日、ハイジャックされた民
間航空機2機の突撃により崩壊。

040.

a sudden chill - -

the view from Brooklyn

without the Towers

ブルックリン

タワー望めず

震えくる

＊ The author says, "I was in shock for a week or two after the attacks of September 11th." And he continues, " I was raw with emotion and frankly had a tough time writing about it. Over time, however, I was able to look at the event objectively and could finally write about it." He wrote this haiku after visiting friends there in December 2010.

＊9.11 から長い間、辛くてニューヨークを俳句の題材にはできなかった、とポール。時間がたち、あの出来事を客観的に見ることができるようになり、俳句にも書けるようになったそう。この俳句は 2010 年 12 月、ニューヨークの友人を訪ねたあとで書いたもの。

Paul David Mena

Paul David Mena has been writing haiku since
1992, and is currently a member of the Haiku
Society of America, the Boston Haiku Society
and several on-line haiku communities.
He has contributed to *Frogpond*, *Modern Haiku*,
The Heron's Nest and *Brussels Sprout*, but more
recently can be found on Twitter, where he
attempts to post at least one new haiku every
day.
He has written three chapbooks, the first of
which is *tenement landscapes*. He has worked in
the Computer industry for nearly 30 years.
He is father to five children, six grandchildren,
and one faithful old dog named 'Bonita.'

ポール・デイヴィッド・メナ

1992 年から俳句を書きはじめ、現在、アメリカ俳句協会、ボストン俳句協会に加え、複数のネット俳句コミュニティのメンバーとして活動している。

Frogpond、Modern Haiku、The Heron's Nest、Brussels Sprout に作品を寄稿してきたが、最近はツイッターで毎日一句発表することにも挑戦している。これまでに 3 冊のチャップブックを出版。最初の本が本書である。

コンピューター業界で 30 年近く仕事をし、5 人の子どもの父親であり、6 人の孫とボニータという名の老いた忠犬にも恵まれている。

訳者あとがき

「ニューヨーク、アパアト暮らし」は 2001 年
10 月、葉っぱの坑夫の最初の紙の本として出
版されました。それから約 10 年、amazon の
POD(プリント・オン・デマンド) の仕組をつかっ
て、新たな版として出版することになりました。

日本語訳を読み返し、いくつか手を入れたハ
イクもあります。また、著者のポールに連絡を
とり、新たなバイオグラフィーを書いてもらいま
した。久々のメールのやりとりでした。この小
さな本に今も興味がもたれているのは嬉しい、
と言ってもらいました。

オリジナル版である "tenement landscapes" は、
シカゴの非営利出版社 A Small Garlic Press
から 1995 年に出ました。この本で英語ハイク
というものの存在を知り、その魅力に取り憑
かれ、版元のマレクさんに日本語版を出した
いと連絡したのです。自分にとってハイクとの
出会いの記念すべき1冊、と言っていい本です。

外国語によるハイクの本として、南米パラグア
イからハビエル・ビベロスによる「一枡のなか
で踊れば」と北米ミズーリからジョン・サンド
バックの「ステップ・イントゥ・スカイ」も同時
にアマゾン POD で出版されます。興味をもた
れましたら、こちらの本ものぞいてみてください。

2012, 4, 20　だいこくかずえ

ニューヨーク、アパアト暮らし：

ニューヨーク詩人による英語俳句集

2012 年 6 月　第一刷発行

著者：ポール・デイヴィッド・メナ
翻訳：だいこくかずえ
設計：宮川隆

発行所：葉っぱの坑夫

tenement landscapes

Paul David Mena

Copyright 2012 by Paul David Mena
Japanese translation by Kazue Daikoku
Book design by Takashi Miyagawa

Published by Happa-no-Kofu
www.happano.org

First edition: June 2012
Printed in Japan

ISBN: 978-4-901274-17-3

Manufactured by Amazon.ca
Bolton, ON

40919188R00031